P9-CJR-506

Moisés salvado de las aguas

Contado por Heather Amery

Diseño: Maria Wheatley
Ilustraciones: Norman Young

Asesora lingüística: Betty Root
Directora de la colección: Jenny Tyler
Traducción: M. Dolores Ramis
Redacción en español: Noemí Rey

Éste es Moisés.

Sólo tiene tres meses. Vivió en Egipto hace mucho tiempo.

Los padres de Moisés eran hebreos.

Los egipcios obligaban a trabajar a los hebreos
construyendo ciudades y templos.

Éste es el Rey de Egipto.

Era un hombre cruel. Tenía miedo de que los hebreos
no obedecieran a los egipcios.

"Los niños recién nacidos deben morir".

El Rey ordenó a sus soldados que buscaran a todos los niños hebreos recién nacidos y los mataran.

La madre de Moisés decidió esconder a su hijo.

"No llores pequeñín" dijo. Tenía miedo de que los soldados egipcios lo encontraran y lo mataran.

Llevó a su bebé al río.

La madre de Moisés fue al Nilo. Cortó muchos juncos y con ellos tejió una cesta grande.

Puso a Moisés en la cesta.

Le dio un beso y puso la cesta en el agua.
La cesta se alejó flotando.

La hermana de Moisés estaba en la orilla.

Siguió desde la orilla del río a la cesta que iba flotando.

Moisés iba dormido en la cesta.

La cesta pasó flotando al lado de la Princesa de
Egipto. Estaba bañándose en el río con sus criadas.

La Princesa vio la cesta.

"¿Qué es eso?" dijo. "Traedlo aquí".
Una de las criadas recogió la cesta.

La Princesa miró a Moisés.

Moisés se despertó y se echó a llorar. "¡Qué bebé tan precioso!" dijo la Princesa. "Debe de ser un niño hebreo".

La hermana de Moisés se acercó.

"¿Quiere una niñera hebrea para el bebé?" le preguntó a la Princesa. "Sí, busca una", dijo la Princesa.

La niña fue a buscar a su madre.

"Cuida a este bebé", dijo la Princesa. "Te pagaré bien".
La madre de Moisés se lo llevó a su casa.

Moisés estaba a salvo.

Creció con su familia. Cuando se hizo mayor, su madre lo volvió a llevar al palacio de la Princesa.

"Ahora es mi hijo" dijo la Princesa.

Moisés vivió en el palacio como un príncipe egipcio.
Pero nunca olvidó que era hebreo.